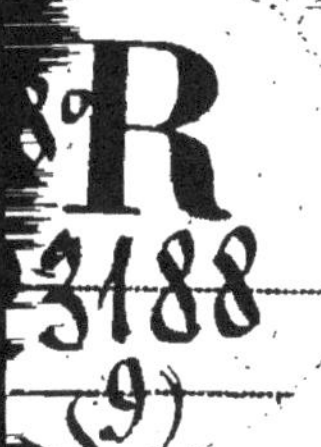

UNION DES FEMMES DE FRANCE

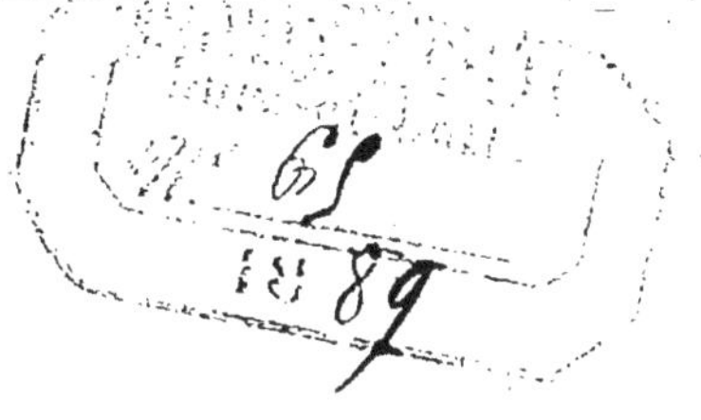

CONFÉRENCE FAITE A CHARTRES

Le 17 Mars 1889

PAR

M. le Docteur MAURICE LÉTULLE

Mesdames, Messieurs,

Permettez-moi tout d'abord de vous remercier de l'empressement que vous avez mis à venir assister à la conférence dont je suis chargé.

Je viens ici pour vous parler d'une Société qui s'appelle l'*Union des Femmes de France*, et pour vous dire en quelques mots quel est son but, quels sont ses moyens, quel est le rôle qu'elle entend remplir en temps de paix et en temps de guerre, quelle est enfin son utilité.

J'ajouterai. — et ce sera la partie la plus délicate de ma conférence — que je viens également pour la défendre et pour protester contre des on-dit, contre des calomnies qui l'ont entourée de tous côtés depuis sa naissance.

Je vous demande donc une attention un peu

soutenue et j'espère que les détails dans lesquels j'entrerai vous satisferont complètement à tous les points de vue.

Qu'est-ce que l'*Union des Femmes de France?*

Le titre seul devrait suffire à la définition de cette œuvre : c'est une Société de *femmes*, et non point d'hommes, uniquement créée par des *femmes*, pour des *femmes*, en vue d'un service assuré, réglementé, régularisé par des femmes.

Ce sont des Femmes de France, c'est vous dire Mesdames, que ce sont toutes les *Femmes de France*, sans distinction aucune de classe, d'éducation, d'opinion politique, d'opinion religieuse : nous ne demandons aux Femmes de France qui viennent chez nous que du dévouement et l'honorabilité la plus absolue. C'est une union.

L'*Union des Femmes de France* est peut-être un rêve ; c'est le rêve fait par des femmes patriotes ayant vu, il y a déjà de longues années, ce que beaucoup d'entre vous, Mesdames, n'ont pas vu ou ne peuvent pas se rappeler avoir vu, ayant vu, dis-je, les désastres terribles qui nous ont écrasés, qui nous ont vaincus, et ayant assisté à de véritables carnages de blessés et de malades. Je ne parle pas, remarquez-le, des hommes tués sur les champs de bataille, ce sont les victimes nécessaires de la guerre ; je parle seulement des blessés et des malades, c'est-à-dire de gens qui, n'étant plus des combattants, avaient un droit absolu, imprescriptible aux soins médicaux. Ces femmes avaient souffert de tous ces désastres, avaient secondé l'effort admirable de la Société Française de secours aux blessés, à laquelle nous ne saurions jamais trop rendre hommage, et elles avaient constaté l'insuffisance de si héroïques dévouements ; mais elles savaient d'autre part que, grâce aux progrès formidables de l'art de la guerre, du jour au lendemain, lorsque nous aurions à combattre, il y aurait bien plus de victimes encore, beaucoup plus de blessés, beaucoup plus de malades ; alors ces femmes se sont dit : Il faut changer cela, il faut perfectionner ce qui n'a été qu'une esquisse, il faut tâcher de faire qu'aucun des blessés, qu'aucun des malades ne soit plus abandonné, que tous les blessés et que tous les malades soient hospitalisés; il faut les soigner, il faudra les guérir!

Voilà pourquoi nous avons appelé, il y a huit ans, cette Société l'*Union des Femmes de France*.

Permettez-moi de vous rappeler très brièvement (car j'ai bien des choses à vous dire) les raisons qui font que depuis 25 ans cette question des soins aux blessés et aux malades est devenue non seulement une question française, patriotique, mais une question internationale.

En 1862, Dunand, un nom que toutes les mères devraient avoir gravé dans leur cœur, Dunand, l'instigateur et le fondateur de la Convention de Genève qui a donné naissance à toutes les Sociétés dites de la Croix-Rouge, françaises aussi bien qu'étrangères, Dunand écrivait:

« Pour secourir les blessés, il ne faut pas de
« mercenaire; trop souvent en effet les infirmiers
« salariés deviennent durs ou le dégoût les éloigne
« et la fatigue les rend paresseux; il faut d'autre
« part des soins immédiats, car ce qui peut
« aujourd'hui sauver le blessé ne le sauvera pas
« demain. Il faut donc (écoutez bien ceci), il faut
« des infirmiers et des infirmières volontaires,
« diligents, propres, préparés, initiés à cette
« œuvre et qui, reconnus par les chefs des armées
« en campagne, soient soutenus dans leur mis-
« sion. »

Quelques mois après il y eut un mouvement international, humanitaire, admirable; réunis à Genève, les délégués de toutes les nations européennes signèrent la convention à la suite de laquelle est née la Société dite de la Croix-Rouge, c'est-à-dire la Société française de secours aux blessés.

Ces délégués adoptèrent des résolutions qui devinrent une loi internationale; d'après cette convention toutes les parties belligérantes ont des droits égaux aux soins sanitaires.

C'est à ce moment que fut créée la Société française de secours aux blessés. Je ne vous rappellerai pas — ce n'est pas mon rôle — les éminents services, qu'elle a rendus pendant cette guerre mémorable, funeste, de 1870 ; je ne vous rappellerai pas non plus les noms des hommes et des femmes, admirables de dévouement, qui ont consacré, pendant de longs mois, leurs jours et leurs nuits aux secours des blessés ; mais il m'est bien permis de vous rappeler que tous ces dévouements, qui n'étaient pas suffisamment régularisés, qui venaient de personnes absolument ignorantes de l'art de soigner, art qui exige des études très techniques, parce que c'est en somme une profession toute spéciale, tous ces dévouements furent malheureusement incomplets.

Depuis 1879 et 1881 deux autres Sociétés françaises de secours aux blessés se sont créées, comprenant les dangers de l'avenir : l'une est la Société des Dames françaises, l'autre la nôtre — je dis la nôtre quoique je ne sois que délégué, puisqu'il n'y a pas d'hommes dans la Société, les membres titulaires sont des femmes, mais elles permettent quelquefois aux hommes de parler pour elles.

Donc, nous autres Femmes de France, nous nous sommes réunies dans un triple but : d'abord recueillir tous les dons généreux que la Charité française voudra bien nous accorder en cas de guerre et en cas de désastres publics.

Notre deuxième but est d'organiser partout, depuis les plus grandes villes jusqu'aux plus petits villages, des hôpitaux ou ambulances, mais plutôt des hôpitaux *auxiliaires* et *fixes* ; auxiliaires, c'est-à-dire arrivant, dans le service de santé, en seconde ligne ; fixes, c'est-à-dire immuables, restant sur place, ne se développant pas, ne se dérangeant pas comme les ambulances, ne suivant pas les corps d'armée, et destinés à cette œuvre considérable dont vous ne pouvez peut-être pas encore vous rendre compte, de recevoir tous les blessés et les malades évacués en arrière de la ligne des combattants.

Le troisième but, qui est le plus important, celui pour lequel je crois, en vérité, que je suis surtout venu ici, c'est d'organiser des *infirmières*, des femmes du monde, c'est-à-dire vous, Mesdames, qui, consentant à sacrifier, chaque jour, pendant la durée de la guerre, un certain nombre d'heures aux soins à donner aux blessés et aux malades, seront aptes à entrer dans notre service de santé, le lendemain même de la déclaration de guerre.

Ne croyez pas qu'il soit bien facile d'avoir l'honneur de devenir infirmière, ne croyez pas que la science de cette profession que, sans nous, vous rempliriez par hasard, puisse s'acquérir en quelques heures.

Nous qui connaissons les progrès considérables, merveilleux que la chirurgie contemporaine a réalisés, nous demandons non seulement aux chirurgiens, non seulement à leurs aides, mais à n'importe quel infirmier ou quel individu qui soigne les malades, une éducation simple, mais complète et tellement détaillée et précise que nous sommes sûrs que ces aides ne seront pas des causes de mort pour nos malades et nos blessés, ce qui était, hélas! si commun, si général, il y a vingt ans.

Permettez-moi, à cet égard, de vous lire nos statuts qui sont la base même de notre œuvre :

« Art. 1er. — L'*Union des Femmes de France* a « pour but la préparation et l'organisation dés « moyens de secours qui dans toute localité peu- « vent être mis à la disposition des blessés et des « malades de l'armée française. »

Voilà en quelque sorte le côté guerrier de notre œuvre, mais il y en a un autre qui n'existe pas dans la Société française de secours aux blessés, le voici.

« En cas de fléaux ou de désastres publics,
« la Société pourra offrir son concours aux au-
« torités compétentes. »

C'est un point de perfectionnement de notre
œuvre, et c'est une des sources des calomnies qui
nous ont abreuvées.

Que va-t-il se passer en temps de guerre ?

Tous les hommes qui n'ont pas 45 ans sont ap-
pelés dans les 24 heures dans les différents postes
auxquels ils ont l'honneur d'appartenir ; par conséquent il ne reste plus sur le territoire que vous,
Mesdames, de libres et les hommes qui ont plus
de 45 ans. Il est donc nécessaire que cette œuvre
de secours aux blessés et aux malades soit assurée
par des femmes et par les hommes qui ont plus
de 45 ans. Quelques-uns seulement de ces hommes sont médecins, car la plupart de ceux qui
exercent cette profession se sont fait inscrire pour
conserver, malgré leur âge, leurs fonctions dans le
service de santé militaire.

Les autres hommes ne sont pas infirmiers : on
ne naît pas infirmier pas plus qu'on ne naissait
rôtisseur ; il faut apprendre pour devenir infirmier.

Voilà pourquoi, Mesdames, nous vous offrons
de vous apprendre rapidement ce que vous devrez
faire en cas de guerre.

N'oubliez pas qu'une des grandes causes de la
mortalité qui a frappé les armées françaises pendant la dernière guerre et même pendant les
campagnes d'Italie et de Crimée, c'est le défaut
de promptitude dans les secours sur les champs
de bataille. C'est également l'insuffisance des
moyens de transports — ceci regarde en grande
partie la Société française de secours aux blessés
— cette Société ayant à sa disposition un matériel admirablement organisé qui la met en con-
tact avec le corps combattant et qui lui permettra
d'expédier sur les hôpitaux auxiliaires tous les
blessés qui ne peuvent pas rester en première
ligne.

Une autre cause de la mortalité formidable qui a frappé nos armées, cause qui peut, qui doit être évitée dans une large mesure, c'est l'encombrement des ambulances.

Si vous vous rappelez la mortalité effrayante occasionnée pendant les guerres par le typhus et la fièvre typhoïde et surtout par la terrible maladie qu'on appelle l'infection purulente, maladie que les chirurgiens contemporains ne connaissent plus, grâce aux traitements antiseptiques ; si vous vous rappelez tout cela, vous direz qu'il faut avant tout éviter l'encombrement des hôpitaux. C'est ce que nous voulons essayer de faire.

Pour éviter cet encombrement, nous créons des hôpitaux auxiliaires dans toutes les villes, grandes et petites, dans tous les villages où cela est possible, nous essayons d'organiser, non pas des ambulances, c'est-à-dire des hôpitaux mobiles, mais bien des hôpitaux auxiliaires immobiles, qui sont rattachés par les décrets actuellement existants à l'armée sanitaire et sont par conséquent sous l'autorité de la loi militaire, recevant les soldats blessés ou malades.

Nous voulons d'autre part former un personnel instruit et dévoué. Je reviendrai tout à l'heure sur ce point, parce que c'est une source d'objections qu'on nous a faites.

Nous ne voulons pas faire d'infirmières laïques ; on a prétendu que nous combattions les sœurs. Bien au contraire, nous les appelons, elles nous servent, nous leur servons ; elles sont enrégimentées. Nous ne sommes pas les ennemis des sœurs, nous allons à elles. Nous voulons faire de vous, femmes françaises, un personnel dévoué — cela va sans dire, vous êtes tout dévouement — mais, ce qui est plus difficile, instruit et apte à nous seconder ; et non pas nuisible comme l'était, à son insu, le personnel où quelques-unes d'entre vous se trouvaient il y a vingt ans.

Nous avons le droit, et nous voulons l'exercer ce droit, de recevoir des dons en nature non seulement pour les blessés et les malades militarisés, nous sommes tous soldats en temps de guerre, mais encore pour les victimes des désastres publics.

Ce que je vais vous dire peut paraître banal, mais c'est de l'histoire contemporaine que j'écris avec vous :

Toutes les Sociétés de secours aux blessés françaises, la première, la Société française de secours aux blessés, dite *Société de la Croix-Rouge*, la seconde, la *Société des Dames Françaises*, la troisième, la plus jeune, l'*Union des Femmes de France*, toutes ces Sociétés qui sont à titre égal, à l'heure où je parle, de la *Croix-Rouge*, s'adressent aux femmes et leur demandent de les aider et de devenir des infirmières, des aides, des gardes-blessés, des gardes-malades.

Cependant, lorsque notre Société s'est fondée, la Société française de secours aux blessés ne s'occupait pas des femmes, on ne les prenait que comme associées ; c'était une Société d'hommes, faite par les hommes, pour les hommes, c'était une Société féminine comme nom, mais masculine comme membres, qui organisait des ambulances : elle avait pour mission spéciale de déblayer le terrain des combattants et de jeter sur le réseau du territoire les blessés et les malades, grâce aux moyens perfectionnés de transport qu'elle a à sa disposition.

Eh bien, en 1881, quand notre Société s'est formée, la Société française de secours aux blessés ne s'occupait des femmes que comme associées, en tant que femmes généreuses, donatrices, et à ce moment on ne parlait guère, o sne parlait que peu, et chez les Dames française seulement, de femmes *infirmières-hospitalières*.

La modestie m'oblige à dire que nous avons essayé d'organiser l'inverse de cette Société française : nous sommes des femmes et nous voulons faire des infirmières. Notre organisation n'est point faite pour que nous puissions nous charger

du transport des soldats blessés et des malades ;
nous voulons les soigner sur place et nous soi-
gnerons ceux que l'armée et la Société française
de secours aux blessés nous enverront.

Quel est notre but ?

Nous voudrions (combien cette œuvre est difficile et complexe), nous voudrions maintenir aux
armées tout le service de santé militaire avec ses
auxiliaires militaires : sœurs, infirmiers, bran-
cardiers, muletiers, sous la responsabilité immédiate des médecins ; nous voudrions assurer en
arrière sur tous les points du territoire français,
avec le concours de l'élément civil, des moyens
de secours pour tous les malades et pour tous les
blessés évacués hors des ambulances de l'armée.

Croyez-le bien, Mesdames, nous ne sommes pas
trop de *trois* sociétés pour arriver à ce résultat.

Lorsque la guerre franco-allemande éclata, savez-vous combien on comptait de sociétés de secours aux blessés en Allemagne ? 40 ! Toutes en
régimentées sous la bannière de la *Croix-Rouge*.

Combien y en avait-il en France ?

Une seule, qui commençait à naître. On en
compte aujourd'hui 60 en Allemagne. Malgré les
perfectionnements admirables réalisés, malgré le
nombre considérable d'individus sauvés, ils ont
encore augmenté leur trésor de guerre : car c'est
là le véritable trésor de guerre, c'est l'armée de
secours !

En France, nous ne sommes encore que trois.

Il ne peut y avoir aucune espèce de rivalité entre ces Sociétés charitables et nous.

La Société française de secours aux blessés est
notre sœur aînée, je ne saurais trop le répéter, et
nous avons pour elle tout le respect et toute l'ad-
miration que nous lui devons.

A elle de transporter sur tous les points du territoire les malades évacués des hôpitaux, à elle
d'organiser des ambulances auxiliaires : mais
à nous aussi d'organiser des hôpitaux sédentaires
et de former un personnel intelligent et dévoué.

2

Si je compare nos Sociétés à ce qui se passe dans l'armée, je dirai volontiers que la Société française de secours aux blessés est la réserve de l'armée sanitaire et que nous n'en sommes que l'armée territoriale ; mais notre but nous paraît assez grand pour qu'il suffise à notre ambition.

Il y a environ un an, Monsieur le docteur Mathis, médecin principal, directeur de santé du 17e corps d'armée, expliquait dans une conférence remarquable qui a été imprimée le fonctionnement de nos trois Sociétés. Je vous demande la permission de la résumer en quelques mots :

Dès que les hostilités commencenceront, il y aura un nombre considérable de blessés et de malades; on peut évaluer ce nombre, sans exagération et en restant même au-dessous de la vérité, à plus de cent mille hommes pour les quinze premiers jours ; vous allez voir tout à l'heure quelle multitude de médecins, d'infirmières et d'infirmiers il faudra pour cette population de blessés et de malades qui n'est plus une population combattante.

Les hostilités commencent: comment s'organise le service de santé ?

Il y a d'abord le service médical des deux armées, c'est-à-dire le service fait par les médecins militaires et les médecins de réserve ; derrière eux il y a ce qu'on appelle les *hôpitaux de secours*, c'est-à-dire des ambulances mobiles qui reçoivent pendant l'action les blessés et les malades et les expédient. sur les *ambulances divisionnaires* qui sont aussi rapprochées que possible des combattants.

Le mouvement d'évacuation commence ensuite, il se fait excentriquement par rapport à la ligne de combat.

En arrière, se trouvent les *hôpitaux de campagne* qui sont sous la direction du service de santé et sur lesquels sont évacués les blessés et les malades qui, de là, sont dirigés sur *l'hôpital d'évacuation*. C'est la limite extrême du service militaire combattant à quelques kilomètres du champ de bataille : cet hôpital d'évacuation est placé dans une région hypothétique mobile avec le corps d'armée, et qui s'appelle la zone du service des étapes.

Le service des étapes joue un rôle très important en temps de guerre : c'est un service d'observation et de contrôle ; tous les blessés et les malades y arrivent. Là on examine attentivement les hommes, on dit : en voilà un à réexpédier demain sur la ligne de combat ; un autre, qui a la fièvre typhoïde, est éliminé. On choisit donc, au service des étapes, les malades qui ne peuvent plus être des combattants, qui ne peuvent plus être utilisés sur le champ de bataille, car hélas ! en temps de guerre tout individu qui ne combat plus est une force perdue, un bagage gênant et par conséquent nuisible.

La région où se trouve l'hôpital d'évacuation est une région intermédiaire entre la zone où manœuvrent les armées, où l'on fabrique en quelque sorte les blessés, et les Sociétés civiles de secours aux blessés. Un médecin principal de l'armée dirige cet hôpital d'évacuation. Le service médical de la zone qui réunit l'hôpital d'évacuation au territoire est confié à la Société française de secours aux blessés dont le matériel est spécialement construit pour assurer ce service ; elle peut disposer si elle le veut des hôpitaux auxiliaires comme les nôtres, mais en arrière de la ligne des combattants, et assurer (c'est un autre point capital de son œuvre) le service des infirmeries de gares. La partie terminale de ce service se compose d'autres hôpitaux militaires, civils et auxiliaires où sont répartis les blessés et les malades. Dans chaque ville seront ouverts des hôpitaux créés par nous, fonctionnant dès le lendemain de la déclaration de guerre avec leur service d'infirmières, vous, Mesdames, attendant les blessés et les malades.

Il ne saurait donc y avoir aucune espèce de rivalité, je crois l'avoir démontré, entre ces deux Sociétés, guidées toutes deux par une émulation très noble, très digne, très généreuse.

Mesdames, j'arrive à une partie de mon œuvre qui est plus agréable, c'est celle qui consiste à vous démontrer l'utilité de l'*Union des Femmes de France.*

Sommes-nous utiles à quelque chose?

Ce que je viens de vous dire pourrait au besoin le prouver; mais les preuves demandent à être faites aussi complètes que possible, je vais les asseoir sur des arguments sans réplique, sur des chiffres.

Voyons donc ce que nous avons fait depuis huit ans que nous existons. Nous sommes jeunes, mais nous travaillons, vous allez le voir. Savez-vous quelle somme nous avons donnée en huit ans aux malades et aux blessés militaires guerroyant au dehors? C'est fantastique: 757,363 fr. 96.

Savez-vous ce que nous avons donné aux victimes de désastres publics? 26,694 fr. 55.

Il est incontestable que nous avons une prédilection très marquée pour les blessés militaires et les malades militaires; ce n'est que justice, c'est d'ailleurs le but principal de notre œuvre.

Vous voyez que nous avons donné plus des deux tiers d'un million en huit ans. C'est un titre modeste de gloire, mais c'est un titre qui suffit. Les personnes d'entre vous qui ont entendu parler des soldats qui revenaient du Tonkin et de Madagascar savent combien nos soldats étaient heureux de recevoir des dons en nature et en argent que nous envoyions simultanément avec la Société française de secours aux blessés et la Société des dames françaises. Je vous assure que ce trio de bons secours apportés aux blessés et aux malades abandonnés terriblement loin justifierait amplement, s'il était encore nécessaire, cette trinité dans l'œuvre française de la charité chrétienne.

Voulez-vous une autre preuve de l'utilité de notre œuvre? Ecoutez le nombre des membres adhérents et la progression des chiffres.

En 1881-82, lorsque la Société s'est fondée, elle comptait 1,029 membres; en 1883, 1,427 membres, chiffre modeste, nous étions encore au berceau; en 1884, 2,420 membres; en 1885, 4,250 membres; en 1886, 6,250 membres; en 1887, nous montons de 6,250 membres à 12,280; au mois de mai 1888, nous étions 16,681 membres; au mois de juillet 1888, trois mois après, nous étions 17,063, et enfin, maintenant, nous sommes plus de 20,000. Mesdames, on peut être Femme de France et mourir, il faut donc compter en plus de ce chiffre le nombre des décès qui se sont produits depuis huit ans.

Je vais vous donner une autre preuve de l'utilité de notre œuvre.

Voici le tableau récapitulatif de l'exercice 1887-1888; je n'invente rien, tous ces chiffres sont officiels. En 1888 nous avions 82 Comités, c'est-à-dire 82 centres composés de plus de 40 membres, et 5 groupes, c'est-à-dire des endroits, villes ou villages dans lesquels il y avait moins de 40 membres et ne pouvant pas encore former un Comité. Aujourd'hui nous comptons 86 Comités et 46 groupes.

Non seulement nous avons des adhérentes, mais nous avons aussi un personnel qui est prêt, instruit, exercé, qui ne demande qu'à fonctionner, qui s'est engagé à fonctionner gratuitement ou moyennant rétribution.

De plus, nous avons 4.833 lits assurés, réglementés, organisés en hôpitaux auxiliaires, contenant chacun au minimum vingt lits et au maximum cent lits. Ces deux chiffres sont indiqués par le règlement administratif et ce n'est que justice, car avec vingt lits nous avons un petit hôpital et avec plus de cent lits nous aurions un trop grand hôpital en raison des maladies infectieuses, compagnes habituelles de la guerre et conséquence forcée de l'encombrement des malades hospitalisés.

Je crois donc pouvoir dire sans orgueil que notre œuvre est bonne, puisqu'elle trouve chaque jour de nouveaux adhérents ; qu'elle est utile, puisqu'elle produit des résultats positifs : les deux tiers d'un million donnés à l'armée en campagne, 26,000 fr. donnés aux victimes de désastres publics, près de cinq mille lits organisés, prêts à fonctionner demain matin s'il le fallait. Tout cela vérifié, contrôlé par l'administration supérieure de la guerre.

Mesdames, j'arrive à la seconde partie de ma tâche, la plus délicate. J'arrive à ce que je pourrais appeler le chapitre des objections.

Cn a dit : A quoi bon créer tant de Sociétés de secours aux blessés ? Il y en a *une* très bonne, tout le monde lui rend justice, tout le monde en est.....

Il est vrai, tout le monde en est, mais peu de personnes y travaillent. On est ainsi d'une foule de Sociétés, mais on en est pour ainsi dire théoriquement.

Lorsque vous donnez votre obole à une sœur de charité pour une bonne œuvre, vous coopérez, sans aucun doute, à cette œuvre, dans la mesure de vos moyens ; mais y coopérez-vous personnellement ? Vous consacrez-vous à elle ? Non.

Vous avez toutes remarqué — c'est de la morale courante — que plus les œuvres de charité augmentent, plus la charité est généreuse. Envoyez le même jour, dans la même maison, trois sœurs quêteuses et vous aurez trois aumônes ; envoyez-en une seule, vous n'aurez que le tiers de l'aumône.

On disait : une seule Société suffit ; au moment d'une guerre, il suffira de s'en occuper. Chez nous, Mesdames, il faudra faire davantage : vous aurez donné de l'argent aux différentes Sociétés de secours, c'est bien ; mais il faudra en outre que vous veniez à nos cours, à nos conférences.

Donner du linge, de l'argent, faire des dons de toute nature pour assurer les soins de nos malades et de nos blessés qui sont aussi les vôtres, ô Mères, ce n'est pas encore assez, il faut vous donner vous-mêmes !

N'oubliez pas la guerre prochaine. Il faut bien en parler, elle arrivera le plus tard possible, cela va sans dire, mais elle est inévitable, et elle sera désastreuse pour l'un des deux combattants. Toutes les forces vives de la Patrie devront se jeter dans la mêlée ; on ne demandera pas leurs opinions politiques, leurs opinions religieuses aux individus qu'on mettra sous les armes, on leur dira seulement: Venez lutter avec nous, c'est votre devoir étroit, indiscutable. Pourquoi donc en serait-il autrement quand on appellera au secours des blessés toutes les Femmes de France ?

Les bons exemples doivent être suivis, même et surtout lorsqu'ils viennent de l'ennemi. Il ne faut pas dire : tout ce que nous faisons est parfait, ce qui est ailleurs ne vaut rien. Quand on a pu observer les admirables ressources des Allemands non seulement au point de vue des médecins cinq fois plus nombreux que chez nous, mais encore au point de vue des secours quarante fois plus nombreux que chez nous, on s'est dit ici : Travaillons de notre côté, toutes selon nos aptitudes, parallèlement, non pas en ennemies, mais en émules : c'est pour nos fils, pour la Patrie !

Permettez-moi de vous citer quelques chiffres qui ont une grande valeur en pareille circonstance.

Savez-vous combien, pendant la guerre de Crimée, il y a eu de soldats morts des suites de leurs blessures ?

Presque le tiers. Savez-vous sur ce chiffre combien il en est mort qui auraient dû guérir ?... N'est-ce pas terrible de dire une chose pareille ? *Plus de la moitié* qui ne seraient pas morts, s'ils n'avaient point succombé aux maladies infec-

tieuses qui sont le résultat de l'encombrement et
des mauvais soins chirurgicaux, non point de la
part des médecins, mais par suite de pansements
insuffisants, tardifs ou mal faits !

Savez-vous pourquoi aujourd'hui les malades
ne meurent plus dans les hôpitaux lorsqu'ils ont
été opérés? C'est parce qu'on peut amputer des
fragments énormes du corps humain sans danger,
parce que les pansements sont faits avec une
propreté tellement méticuleuse, tellement rigou-
reuse, que la guérison est presque immédiate.

Je ne veux pas entrer dans des détails qui vous
feraient frémir, mais je peux bien vous dire
qu'aujourd'hui on coupe un membre quelconque
à un individu, une cuisse, par exemple, sans
la moindre arrière-pensée, alors qu'il y a quinze
ans on se disait : Ce pauvre homme, qui a besoin
de cette grave opération, a beaucoup de chances
de mort. Aujourd'hui on ampute une cuisse et
quelques jours après, le malade est rétabli sans
avoir eu un seul moment de fièvre..... Il a une
jambe de moins, c'est quelque chose, mais il a
aussi quelque chose de plus: c'est la vie qui lui
a été conservée.

MM. Legouest et Chenu évaluent à 18 0/0 le
nombre des blessés morts *par défaut de soins*
pendant la guerre de Crimée.

Si les Sociétés françaises de secours aux blessés peuvent assurer dans les hôpitaux auxiliaires
un service sanitaire absolument complet, il n'y
aura plus besoin de médecins militaires dans ces
hôpitaux, il n'y aura plus besoin d'infirmiers
militaires. Dans ces services de l'arrière, il n'y
aura plus besoin que de femmes de bonne volonté
qui sauront faire les pansements, et les 18 0/0 de
morts n'auront plus lieu parce que les blessés
seront secourus à temps sur les champs de
bataille, grâce à un nombre suffisant de médecins et d'infirmiers militaires assurant ainsi les
services de l'avant.

Savez-vous combien il y a eu de morts pendant

la dernière guerre? 136,000... dont 20,000 en captivité.

Savez-vous combien les Allemands ont eu de morts?... 91,000 de moins que nous.

On peut affirmer, d'après les rapports officiels, que les maladies ont fait chez nous plus de cent mille victimes de plus que chez les Allemands. Si l'on s'organise bien, si on peut assurer des secours rapides, précipités, de pareils désastres n'auront plus lieu.

Les rapports des médecins français et allemands montrent que sur le champ de bataille de Wœrth, de Wissembourg, il y eut un grand nombre de blessés français qui restèrent plus de 24, plus de 48 heures, quelquefois plus de quatre jours abandonnés sans pansement. Il en fut de même pendant toute la durée de la guerre et rappelez-vous la saison qu'il faisait dans les derniers mois de la campagne Franco-Allemande!

La Société française de secours aux blessés qui s'organisait à ce moment avait un matériel insuffisant pour le nombre considérable des blessés, elle avait un personnel également insuffisant. M. le professeur Léon Le Fort, directeur du service de la Croix-Rouge, écrivait:

« Il faut des infirmières, non dans les ambu-
« lances et dans les hôpitaux de l'Armée active,
« mais dans les hôpitaux placés en dehors du
« théâtre de la guerre; il les faut de deux ordres:
« 1° des infirmières subalternes payées, chargées
« des ouvrages manuels, mais ayant reçu d'avance
« dans les hôpitaux civils et militaires une ins-
« truction spéciale constatée par un diplôme;
« 2° des surveillantes prises parmi les dames du
« monde, ayant, elles aussi, appris par la pratique
« hospitalière les exigences d'un service d'hôpital;
« et il est nécessaire que, pour elles aussi, un
« diplôme ou une pièce quelconque témoigne à
« l'autorité supérieure qu'elles sont aptes à rem-
« plir les difficiles fonctions qui leur sont confiées
« et que leur dévouement les porte à solliciter. »

L'éminent chirurgien qui était à la tête du service de santé de la Société de secours aux blessés, reconnaissait donc l'insuffisance du fonctionnement alors établi.

On a dit : Mais en cas de guerre, nous aurons les sœurs, elles sont en nombre suffisant.

Savez-vous le personnel qu'il est nécessaire d'avoir pour soigner cent blessés ou malades ? On a calculé qu'il fallait au minimum 25 personnes, c'est-à-dire une directrice, une sous-directrice, une économe, une préposée aux vivres, des infirmières panseuses et des infirmières de service ou de visite, sans compter les médecins et chirurgiens. Il faut donc 25 personnes pour cent malades. Si je multiplie ce chiffre en proportion pour cent mille blessés, j'arrive au chiffre de 25,000 personnes obligées de fonctionner du jour au lendemain après les premiers coups de feu !

La dernière guerre a duré neuf mois, mais les guerres actuelles ne dureront pas, dit-on, plus de six à huit semaines ; supposez que vous ayez 3 à 400,000 blessés ou malades ; augmentez proportionnellement le nombre des infirmières et des sœurs nécessaires et vous arrivez à un chiffre fantastique que l'imagination n'ose pas concevoir.

Entrons dans quelques détails. Savez-vous combien il y a eu, en 1870-1871, de blessés ayant besoin de secours immédiats ? 476,957 hommes ! dont 328,000 avaient quelque partie du corps gelée ; en outre, on a compté 137,536 blessés sur les champs de bataille. et 11,421 soldats blessés par la marche, c'est-à-dire ayant des entorses, des foulures, des fractures, soit, en tout. près d'un demi-million d'hommes ayant eu besoin de pansements immédiats et plus ou moins fréquemment répétés.

Calculez le nombre de sœurs qu'il faudrait pour soigner cette multitude de blessés et de malades, vous n'arriverez pas au chiffre réel.

Mais continuons la revision des objections formulées contre nous : on a dit qu'il n'était pas nécessaire de donner autant d'instruction aux femmes au point de vue des secours aux blessés ; quelques personnes répètent : nous sommes toutes des mères, nous savons mettre un cataplasme à un enfant malade ; lorsque l'un de nous a la fièvre typhoïde, nous faisons ce que le médecin nous ordonne, nous saurions donc bien soigner des blessés !

Je réponds : il ne faut pas oublier que la femme du monde qui veut donner des soins aux malades doit posséder une instruction spéciale aussi élémentaire que possible ; nous ne voulons pas faire de nos infirmières des médecins, nous ne créons pas de femmes-médecins, mais il faut cependant que chacun de nos aides ait une instruction technique spéciale, professionnelle, absolument complète, quoique restreinte. Nous ferons des femmes qui sauront soigner par-dessus le marché leurs enfants, leurs parents malades, mais qui sauront par-dessus tout panser et soigner nos soldats hospitalisés.

La chirurgie contemporaine est entrée dans une phase de progrès si considérables, si merveilleux, qu'elle a le droit d'exiger — elle en a le devoir — de toutes les personnes qui veulent l'aider une instruction professionnelle absolument parfaite. Il faut, en travaillant bien, deux mois et demi avec une heure d'étude de pansements par jour, pour arriver à faire une bonne infirmière quand on s'adresse à des personnes intelligentes, mais encore faut-il qu'elles mettent la main à la pâte...

Regardez autour de vous et vous verrez, de toutes parts, les congrégations religieuses qui se consacrent aux soins à donner aux malades et aux blessés entrer dans cette voie de progrès et d'instruction qui consiste à faire de toute sœur hospitalisée une infirmière instruite et — permettez-moi l'expression — propre, aseptique, c'est le mot !

Il faut une propreté absolue : nous passons quelquefois trois jours pour apprendre à une infirmière à se laver les mains. Vous croyez qu'il suffit à une infirmière pour bien se laver les mains de les passer dans l'eau... Mais, pour oser toucher à une pièce de pansement, il faut une instruction spéciale et des précautions toutes particulières que nous vous apprendrons.

Ce que je vous dis est si vrai qu'il existe, dans toute la France, et particulièrement à Paris, des corporations d'infirmiers laïques catholiques qui apprennent à faire des pansements antiseptiques et atteignent à une perfection professionnelle supérieure à celle d'un grand nombre d'étudiants en médecine de ma connaissance.

L'instruction que nous vous offrons, gratuite — elle n'est pas obligatoire, mais elle devrait l'être, elle le sera —· fera de vous de bonnes petites infirmières, vous serez des aides dévouées et capables ; vous ne nous nuirez pas et surtout vous ne nuirez pas à nos blessés.

Il ne faut pas seulement quelques conférences pour faire d'une femme intelligente et instruite une bonne infirmière, il faut qu'elle ait un diplôme constatant qu'elle a subi un examen suffisant pour que le médecin qui l'emploie ait en elle une confiance absolue. On sait instinctivement couvrir les malades de soins et de caresses, on ne sait pas les soigner, encore moins les panser.

On a dit : mais ces infirmières instruites que vous allez ainsi créer n'obéiront plus, elles auront des velléités d'indépendance... C'est une erreur : les règlements administratifs de notre Société sont formels, l'obéissance est passive ; tout est militarisé, vous serez vous-mêmes militarisées lorsque vous entrerez dans nos hôpitaux.

On a dit, autre objection plus sérieuse : vous voulez faire des infirmières laïques pour chasser les sœurs des hôpitaux....

C'est une calomnie que je ne veux pas qualifier, parce que l'épithète serait trop cruelle... Comment ! Nous prétendrions user de notre instruc-ion professionnelle, spéciale, pour chasser les sœurs des hôpitaux ! Mais c'est absolument l'inverse que nous voulons !

Nous voulons associer les sœurs à notre service, nous voulons les aider, les suppléer. Lorsque les sœurs sont mobilisées par le service militaire pour aller près du champ de bataille, lorsqu'elles quittent l'hôpital, nous disons : Voici des sœurs laïques qui sauront les remplacer ; mais dès que ces sœurs rentrent chez elles, nous partons. La meilleure preuve que notre œuvre n'est pas hostile aux sœurs, c'est que les sœurs coopèrent avec nous à Boulogne-sur-Mer, à Rouen, à Avignon, à Lunéville, enfin à Carpentras où nous avons un dispensaire qu'elles dirigent avec nous !

On a dit encore : Cette Société de l'*Union des Femmes de France* qui n'a pas de drapeau, qui n'a pas de nom politique, qui n'a pas d'opinion religieuse, c'est une Société de Francs-Maçons, de libres-penseurs ! On ne croit plus à Dieu dans cette Société, c'est fini, ce sont des matérialistes, ils veulent détruire tout ce qui existe, tout ce qui est bien, tout ce qui est beau...

Vous croyez cela ? Eh bien. écoutez les statuts, décrets, règlements pour le fonctionnement de notre Société, qui sont acceptés par le Ministre de l'intérieur, le Conseil d'Etat. et qui ont été soumis à l'approbation du ministre de la guerre ; c'est donc officiel et obligatoire.

« Art. 63. — Les secours religieux. — Des « ministres des cultes reconnus par l'Etat, spé- « cialement désignés par le Conseil d'adminis- « tration, assurent aux malades et aux blessés, « dans les services hospitaliers de l'*Union des* « *Femmes de France,* les secours de leur reli- « gion. »

Il me semble que c'est absolument clair et qu'il n'y a pas d'arrière-pensée possible dans ce règlement.

Mais ce n'est pas tout : voici l'instruction générale envoyée par notre secrétaire général, M. le docteur Boulominé, à tous les comités pour l'organisation du service de l'*Union des Femmes de France* en temps de guerre. Voici comment est organisée l'ambulance auxiliaire type. — Toutes les femmes qui s'intéressent à notre œuvre, devraient lire cette brochure. — Pour un hôpital de 100 lits, au maximum, les nominations obligatoires sont les suivantes :

« Une directrice, une sous-directrice, un ou « deux médecins, un ou deux chirurgiens, le « plus ancien faisant fonctions de directeur, une « secrétaire (économe), une préposée à la lingerie « et à la buanderie, une préposée aux vivres, « 6 à 10 infirmières-hospitalières, 10 à 16 infir- « miers-hospitaliers ou hommes de service. A ce « personnel *doivent être adjoints* des ministres des « cultes reconnus par l'Etat pour remplir les fonc- « tions d'aumôniers. »

Donc, Mesdames, notre service d'hôpital auxiliaire *ne peut fonctionner*, au point de vue réglementaire, au point de vue du ministère de la guerre, que non seulement lorsque tout le personnel est nommé, mais encore lorsque les ministres des différents cultes y sont désignés nominativement et y deviennent nos aumôniers militaires.

Il n'y a donc pas de libres-penseurs ni de francs-maçons chez nous !

Mesdames, j'ai l'honneur et le bonheur d'être l'ami — c'est même pour cela que je suis ici — de Madame Kœchlin-Schwartz, présidente de l'œuvre ; elle est protestante.

J'ai l'honneur et le bonheur d'être extrêmement lié depuis de longues années avec Mme la générale Grenier, directrice de la propagande de notre œuvre : c'est une catholique zélée, ardente, d'une piété pour ainsi dire exemplaire. Mme la générale Grenier qui depuis huit ans consacre non seulement son temps, mais sa santé à la propagande de l'œuvre — c'est elle qui m'a envoyé ici, je puis bien l'avouer — cette catholique fervente fait tous les deux mois un rap-

port sur ce qui se passe. Voici un des rapports
de cette femme de talent, j'oserais presque dire
de génie:

« Dès l'organisation de nos ambulances, nos
« Comités s'adressent à leurs évêques pour avoir
« dès aujourd'hui, des aumôniers que nous de-
« vons soumettre à l'acceptation de l'autorité mi-
« litaire. Dans beaucoup de villes la réponse est
« favorable. Dans d'autres, et de là naît le trou-
« ble, la difficulté pour un certain nombre de
« consciences, l'autorité diocésaine remet au
« moment de la guerre la nomination des aumô-
« niers. »

Elle termine son rapport, cette femme adorable
— elle a 56 ans, mais elle est adorable — en
disant : « Nous avons désiré organiser notre per-
« sonnel d'aumôniers, comme notre personnel
« médical et administratif, et donner ainsi un
« gage de nos sentiments chrétiens, mis en
« doute par des ennemis intéressés. » Et elle
ajoute : « Aussi bien Dieu est au-dessus de toutes
« ces étranges combinaisons et l'intérêt suprême
« de notre Armée au-dessus de toute défaillance,
« de tout découragement de la part des Femmes
« de France. »

Ce n'est pas tout, Mesdames : Le rédacteur en
chef d'un journal du Midi avait dit : qu'est-ce
que cette œuvre qui n'a pas de drapeau, qui n'a
ni opinions politiques ni opinions religieuses?
C'est une Société de libres penseurs ? de francs-
maçons, sans doute?

Mme la générale Grenier lui écrivit le 26
mars 1888. Après lui avoir rappelé que l'*Union
des Femmes de France* a été citée à l'ordre du
jour de l'armée du Tonkin par le général de
Courcy et à l'ordre du jour de la division navale
de l'Extrême-Orient par l'amiral Miot, elle ajou-
tait :

« Monsieur, — nous n'avons aucun drapeau
« politique, et permettez-moi de le croire, c'est
« là qu'est tout notre crime à vos yeux. Ni répu-

« blicaines, ni monarchistes, notre drapeau ma-
« ternel nous suffit ! Nous nous efforçons par
« notre loyauté et par notre dévouement d'atti-
« rer sur lui l'estime de tous et cet appui *qui*
« *vient de plus haut* et sans lequel les œuvres hu-
« maines disparaissent, emportées par leur pro-
« pre faiblesse. »

On a dit : Cette Société qui est si riche a donné
de l'argent aux grévistes..... On a prétendu que
nous avions donné cent mille francs aux grévistes
qui ont assassiné le malheureux Watrin..... Et
cela à propos des 26,000 fr. distribués en 8
ans aux victimes des désastres publics. Eh bien,
voici la répartition de cette somme, ce sont des
chiffres officiels :

1881 Algérie....................	1.500	»
1882 Réfugiés d'Alexandrie.........	500	»
1883 Inondés de Paris.............	500	»
1883 Inondés d'Alsace.............	100	»
1884 Cité Jolly (Incendie)...........	500	»
1884 Rue Saint-Denis (Explosion)...	500	»
1884 Cholériques du Midi...........	2.250	»
1885 Alger......................	500	»
1885 Tourcoing (Explosion).........	500	»
1885 Thiers (Effondrement)........	200	»
1885 Epinal (Ouragan).............	500	»
1886 Chancelade (Enfouissement)...	500	»
1886 Gap (Incendie)..............	1.000	»
1886 Rue des Trois-Couronnes à Pa-		
ris (Incendie)................	500	»
1886 Périgueux (Effondrement).....	100	»
1886 Cholériques Bretons..........	300	»
1886 Nantes (Incendie)...........	200	»
1886 Catastrophe de Rouchamps....	200	»
1886 Bazeilles (Ouragan)..........	300	»
1886 Reims (Ouragan)............	500	»
1886 Environs de Paris (Ouragan)...	1.000	»
1886 Inondés du Midi.............	8.279	55
1886 Lochmickelick (Naufrage).....	100	»

A reporter.... 20.529 55

Report	20.529	55
1887 Nice (Tremblements de terre)..	1.000	»
1887 Saint-Etienne (Explosion de feu grisou)....................	545	»
1887 Paris (Incendie de l'Opéra-Comique).....	620	»
1887 Roubaix (Incendie)...........	200	»
1887 Lochmickelick (Incendie)......	300	»
1888 Valmy (Marne) (Incendie).....	200	»
1888 Dunkerque (Naufrage)........	500	»
1888 Alger (Invasion des sauterelles).	1.500	»
1888 Rambervilliers (Ouragan)......	200	»
1888 Campagnac (Explosion)........	500	»
1888 Noyant (Effondrement)........	200	»
1889 Narbonne (Inondation)........	200	»
Total............	26.494	55

Il n'y a donc pas plus chez nous de grévistes qu'il n'y a de francs-maçons ou de libres-penseurs : il n'y a que des Femmes de France.

Permettez-moi d'ajouter un mot en terminant : oui, notre Société est avant tout une œuvre d'Union qui s'adresse à toutes les Femmes de France sans distinction de partis, sans vouloir connaitre leurs opinions politiques ou religieuses. Elle fait appel à la Patrie, qui est au-dessus des partis politiques. Elle veut avant tout et malgré tout conserver son caractère national ; c'est une œuvre purement patriotique. Elle veut posséder un personnel instruit dans lequel ne domine que l'amour du bien et où la charité règne.

Elle accepte tous les dévouements, toutes les générosités, mais il existe entre tous les membres une égalité absolue, c'est le seul côté républicain de l'œuvre. Il y existe aussi, je vous l'assure, une fraternité très grande. Or, notre Société n'accepte aucun drapeau politique parce qu'elle veut être ouverte à toutes les femmes, elle veut, avant tout, secourir les blessés et les malades de l'Armée en temps de guerre ; elle a le droit de dire qu'en cas de désastres publics elle peut faire appel à son trésor de guerre et en distraire une petite parcelle pour soulager les grandes misères, mais ses règlements défendent que cette petite parcelle dépasse 20 0/0 des bénéfices de la Société — et vous avez pu constater d'après les chiffres que je vous ai indiqués que nous n'en sommes jamais arrivés là.

Dans ces conditions, je crois pouvoir vous rappeler, Mesdames, que l'*Union des Femmes de France* se recommande à toutes les bonnes volontés, qu'elle n'est rivale d'aucune Société, qu'elle est l'émule des deux autres, qu'elle respecte sa sœur aînée la *Société française de secours aux blessés* et l'admire, et qu'en travaillant activement à côté d'elle, elle suit son chemin bien droit, sans arrière-pensée, sans compromission aucune, sans opinion politique, sans opinion religieuse. On peut affirmer sans crainte que, depuis huit ans qu'elle existe, elle a bien atteint son but : son seul drapeau, c'est le drapeau de la Patrie, sur lequel elle a inscrit ces deux mots qui la résument et la justifient :

« POUR LA PATRIE, PAR LA CHARITÉ ! »

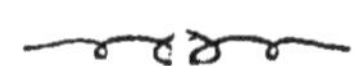